AF143430

2

POEMES 1993 - 2004

*A ma femme Narin, pour son soutient inconditionnel.*
*A mes filles Louise-Anaïs et Xia-Lalita que j'aime de tout mon être.*

*A ma famille.*

*A Gabriel, Anne-Laure, Niels, Richard, Pierre, Gilles pour tout ce que vous m'avez donné ; pour le soutient sans failles que vous m'offrez.*

*A Niyom, pi Yut, May, na Mone, Kun mé Tan, na Sao, Pong Peng, Pim Pim, Amarin, Vartan et au triomphe de la démocratie en Thaïlande.*
*A Thaksin Shinawatra pour son dévouement au peuple thaï.*

Saranyoo Sae-Kor

# LES BERCEUSES DU DIABLE

Books On Demand

ISBN : 9782810603022

# SOMMAIRE

# Prologue

J'aurais voulu être un de ces anges,
Non  pour la gloire et la puissance,
Mais pour la paix et la connaissance ;
Me guérir du doute qui dérange.

Se libérer des dogmes, sourire
Aux idées, faire vivre les croyances,
Accorder aux autres une ordonnance
De tolérance ; droit de choisir.

Refuser le dogme, non pas pour
Le combattre, mais pour être libre.

Briser, de la justice, le sabre
Emoussé qui va droit sans détour.

Accepter tous les contours changeants
Qu'offre le chaos, essence des êtres ;
Rêver, modeler, jouir du paraître,
Abattre le sens, sans fondement.

Je  suis l'agent rêvant de servir
Les Idées, mondes impalpables
Qui naissent et qui meurent, insaisissables,
Millions de soleils à découvrir.

# ENTROPIA

« NOUS AVONS JUSTE ASSEZ DE RELIGION POUR NOUS HAIR MAIS PAS
ASSEZ POUR NOUS AIMER »

SWIFT

# I

## A LA DAME BLEUE DU DESARROI

Parmi le noir univers, réside, cruelle,
La beauté de l'ombre, joyau sensuel.
Ténébreuse, elle est vide d'humanité,
Et s'en va très loin vers les cieux s'étirer.

Elle est beauté malléable, qui, toujours,
Evolue, repousse, les frontières du monde.
Elle est guerrière, répandant et pleurs et âmes ;
Elle, l'artiste dont toutes choses émanent :
Tendresses malignes et rêveries fécondes ;
De ses doigts fragiles façonne les pourtours.

Pour elle, rien n'est éternellement figé.
Son essence ? Désordre, mutabilité.
Elle, terrifiante douceur, nuage de chairs,
Dont le sel de ses larmes ronge l'atmosphère.

11

## II

## DERNIER SOUPIR

La ville est déserte, la ville se meurt,
Elle gémit et de temps à autre, elle pleure.
La mer, elle, gonfle, trépigne, insolente
De sa langue ravageuse, écumante,
Lèche à mes devants la plage dénudée.

Un bruissement, les falaises courbées
Par les vents, s'agenouillent, impuissantes.
Le monde coule et les forces grandissantes
Des éléments, arrogantes, l'engloutissent
Inlassablement dans leur frénésie, leur danse.

Enfin, l'homme n'est plus, la nature s'apaise.
La place est à d'autres, l'homme s'incline, son savoir
Est perdu. De sa haine est venue le malaise,
Et de son sang séché naît un nouvel espoir.

## III

Fut un temps où Dieu créa le monde,
Vaste univers étoilé,
Mystère non dévoilé.
Ces temps étaient heureux, quand la fronde
Fit frémir l'air. L'heure est à la révolte.
Le Dieu qui était si bon,
Exclut les pauvres démons,
Qui, déchus et mal aimés, s'emportent.
Doux anges des failles, délices malfaisants,
Vous, révolutionnaires,
Venez ! Qu'on nous libère
Du joug du roi divin, terrifiant.
Les démons ne combattent les hommes,
Le mal n'est pas leur venin
Car celui-ci est humain.
Ils sont l'autre face, celle qui étonne.

## IV

Je demeure. Là, je suis au centre.
Autour de moi, le monde, c'est mon antre.
Un pas rapide en avant,
Hasardeux,
J'avance, j'ai choisis le nord,
Brumeux.

Pause,
J'étouffe,
Mes lourdes pensées
Glissent, s'estompent, et les souvenirs
Fuient, pourquoi cette voie soutenir ?
Direction : Sud ? Est ? Je suis égaré.

Errer,
Pulsions animales,
Désirs,
La contradiction est dans l'avenir.
L'envie se fait sentir de m'en aller,
Ne plus se limiter, et exister.

# V

## LE GRAND DUC

La rage est un voile qui tombe devant mes yeux,
Les contours imprécis de mes souvenirs tremblent,
Et si les causes sont oubliées par l'ensemble,
La finalité demeure, orage dans les cieux.

Je crois bien que de tous, j'étais son favori,
Le plus beau et le plus puissant de ses anges,
Une force tranquille que rien ne dérange.
J'ai aimé ses hommes ; des êtres sans soucis.

Puis nos idées se sont scindées, le doute est né.
Pourquoi n'écoutait il plus mes conseils, si chers ?
Cet être de lumière voulait-il la guerre ?

Je perçois mieux maintenant ses desseins parfaits :
Les âmes des hommes et les plumes des démons
Liées dans sa perverse machination !

# VI

## SINGES DE LOI

Vastes étendues, sans relief, monotones ;
Un itinéraire, solitaire, tracé
Dans le granit, sous les pas réguliers, résonne.
C'est un son pur, cristallin, fragile et parfait ;

Droit, il s'étire, et soulève au loin l'horizon.
Bordé d'arbres jumeaux dont les feuilles humides
Pleurent leur unicité, plainte timide.
Il s'isole, fuit cette pénible chanson.

Le Voyageur, peine et avance lentement.
Il veut son salut, alors suit la lumière,
On lui a dit : « vois c'est le chemin qui libère »
Alors il avance, las, inexorablement.

Accompagnez le donc ce voyageur damné
Mais épargnez nous vos morales, vos préjugés ;
Enfants de loi, esclaves fidèles aux dogmes !
Vous êtes condamnés et jamais serez hommes !


# VII

## LE SEIGNEUR DES OISEAUX


Tu règnes sur le ciel, te nourris de la terre,
Et de la mer ; tes grandes ailes, qui sur l'air
Roulent, couvrent le sol de ton noir reflet.
Par tes plumes et mon sang, nos destins sont liés.

Frère je peux te nommer, car c'est sur d'antiques
Autels, que les Dieux, notre acte, ont consacré.
Que les hommes et tes enfants ne puissent jamais
Nous renier, le vent nous porte vers les succès.

Viens à moi, et dressons notre laraire !
Le monde est une arène ; la société tue,
Détruisons ensemble cette chair corrompue,
Pour que nos filles et fils vivent de lumière.

# VIII

## LES BERCEUSES DU DIABLE

Nos prières passent les murs, investissent les lieux
Portées par nos voix meurtries, recueil de souffrances.
Les méandres douloureux s'étirent et dispersent
Nos pleurs dans l'essence même de ces Dieux.

Ils sont la résurrection, le souffle putride,
Celui la qui permet de traverser le styx.
La douceur de ces princes, enveloppe morbide,
Pour l'ensemble des hommes, devient une idée fixe.

Cultive l'épouvante car tu es l'amant
De ceux qui servent la mort ; Berce les d'horreurs
Pour qu'au midi bouillant, la brise venant
T'embrasse, amour mortel, baiser de fraîcheur.

# REGARDS

## IX

## LA NEIGE

L'étoffe lumineuse d'étoiles miniatures,
Tombe, légère, vers la terre encore nue.
Le froissement de l'air annonce sa venue,
Battement d'ailes d'une grande envergure.
La beauté céleste, s'étale et couvre les sols.
D'un geste, l'hiver embrasse la région,
Et de sa douce voix, entonne une chanson
Célébrant les amants qui enfin s'isolent.

# X

## LA NUIT

Quand la lumière cède au voile obscur,
Que la pénombre s'écoule, languissante,
Mon cœur se charge d'une joie pressante.
Râ s'endort, alors séparé de sa monture.

Les ténèbres sont un masque orné d'une lune,
Qui couvre le visage misérable et impur
De nos âmes impies, là même où l'enfer fume.

La nuit est le baume qui comble la fracture.
Pardon naturel, comme une joyeuse brume
Enveloppe et efface nos angoisses diurnes.


# XI

## LE JOUR

Les ombres reculent lentement, en cédant
La place aux rayons encore pâles et doux
Du soleil timide, qui, paresseusement,
Se lève, montrant sa face ronde, ses joues.

Brûlant est son jugement, violent est son règne.
Transcendant est le glaive du Dieu espiègle.
Fleuve rougeoyant nous marque, nous imprègne
De son essence, de son sceau couleur du seigle.

Il est la réponse au mensonge, plus d'abri.
Quel salut alors ? La sentence sans sursis.
L'homme nu et sa peau brûlée au vif, se terrent.

Je regrette mes rêves, mon masque endurci,
La lumière est un fardeau, le poids des soucis,
Regard morne et blême, transparent, sur la terre.

# XII

## LE CORPS

Bercé par l'espace et le temps, amas délicat,
Le corps transpire notre pauvre esprit, l'effraie.
Débordant de vie, le sang colore nos pensées
En une floraison éternelle, matière au débat.

Chacune de nos cellules berce l'être ;
Mères tendres et aimantes, bien que dénuées
De raison ; sources de besoins, de bien être.
Réactions en cycle, soutiennent nos idées.

Il est l'allégresse physique, et l'effort
Exaltant, ce qui attire et ce qui nous lie.
Il est une danse furieuse, un cor
Libérateur, un joyau qui se suffit.

# XIII

## L'INCOMPRIS

Il est celui qui courre,
Ou bien celui qui marche.
Regarde sa démarche,
Digne des grands de la cour.
Quelque fois, il s'arrête
Un moment, puis repart,
Incertain et épars.
Il fond et se rétracte,
Il s'allonge, s'étire,
Immuable pour l'homme ;
Cela pour une pomme !
Des os, il se retire,
Blanchis, et, délivrés,
Ils sont la marque, signe
Des combats, de la guigne,
D'une vie minutée.

# XIV

## CLIC

Le feuillage meuble la partie haute et droite,
Alors que le reste est un fondu marron bleu.
Ces couleurs supportent la silhouette étroite
De cette femme aux contours limpides et laiteux.

Son corps est façonné suivant le nombre d'or
Et honore l'harmonie longtemps recherchée
Par nos pères les grecs ; un hymne à la beauté.
Sa peau imprègne l'air, obscurcit le décor.

Ce pont qui la porte prend l'allure d'un trône.
Le visage, tourné vers l'objectif timide,
Dont les yeux, éclats multiples, forcent l'aumône ;
Est trésor de chair, détracteur de l'insipide.

Viens, Aphrodite ; que tes pas te guident à moi.
Je te préfère au divin soleil, à la terre,
Tout est fade, sans goût, mes larmes sont amères ;
Ravive mes sens et gomme mon désarroi.


# XV

## IMMORTELLE


Mer limpide,
Miroir liquide
D'un ciel sans nuage
Qui baigne  tendrement les couleurs douces et timides
D'un matin souriant à la plage, sans ambages.
Au sommet d'une petite dune, tournée
Vers l'horizon, elle guette. Frêle silhouette
Dont l'ombre sablée se déroule à ses pieds,
Sous le regard intrigué des blanches mouettes,
Abreuve la nature de son parfum ambré.
Visage anguleux, Bouche sensuelle, Des sourcils
Fins, harmonieux. Noirs cheveux aux reflets bleutés.
Des yeux de macle brune flanqués par de longs cils
Courbés, et,  vibrants sous la poussée de la brise,
Lui donnent un aspect mystérieux, surnaturel.
Enchanteresse au corps gracieux, exquise,
Beauté éclatante aux yeux envieux, immortels,
Des déesses ; elle est mon ange aux douces ailes.

## XVI

Le sol sec est un trésor d'or, et jaune et rouge.
L'air, cette couverture rassurante, embrasse
La région de baisers tendres, et, l'enlace.

Des arbres, noirs piquets aux paquets épineux
Fusent en masse vers la toile océane
Que déchirent quelques pics saillants et neigeux.

L'eau, ce miroir aux teintes mouvantes, floues, stagne.
Ce bassin est la porte tournée vers la terre,
Où le couvercle est fond, un royaume de verre.

# XVII

Notes perdues dans un espace sans dimensions,
Harmonie fuyant la raison, être sauvage.
L'esprit, les sens, s'éveillent ; son passage
Retourne l'univers d'un souffle, tendre frisson.

Battez tambours, sonnez trompettes,
Gémissez guitares, pleurez violons,
Bavardez basses, frappez baguettes,
Chantez les plaintes,  jouez à l'unisson.

La vie  se résume en une douce musique,
Elle naît, elle meurt, et, s'écoule rapidement.
Les notes  s'élèvent, apaisent les tourments,
Miroirs des humeurs, héroïnes tragiques.

Battez tambours, sonnez trompettes,
Gémissez guitares, pleurez violons,
Bavardez basses, frappez baguettes,
Chantez les plaintes,  jouez à l'unisson.

Légère complainte ou alors hurlements,
Elle est le tableau vivant libéré du temps.
Apaisante, violente ou malsaine,
Expression troublante d'amour ou de haine.

# XVIII

## LE CHANT DES EPEES

Le cliquetis des armes et des armures.
La voix des chevaux et des hommes.
La coulée d'une masse compacte, informe,
Creuse dans le sol une profonde blessure.

Ainsi va la macabre danse des épées
Un chant de haine, un chant de gloire
Ainsi va la macabre danse des épées
Rythme endiablé, frénésie du désespoir.

Arrivés sur la plaine, les hommes se rangent
Dans un ordre parfait où chacun a sa place.
Ils sont raides, anxieux, les armées se font face.
On attend toujours alors que la rage démange.

Ainsi va la macabre danse des épées
Un chant de haine, un chant de gloire.
Ainsi va la macabre danse des épées,
Rythme endiablé, frénésie du désespoir.

Soudain, le cri de milliers d'hommes retentit,
La rencontre des deux fleuves humains enragés
Est violente. Dans une rumeur confuse,
Ces monstres s'entretiennent, s'enlevant la vie.
Le craquement des os et la chair déchirée
Accompagnent la mort et le sang qui fuse.

Ainsi va la macabre danse des épées,
Un chant de haine, un chant de gloire.
Ainsi va la macabre danse des épées,
Rythme endiablé, frénésie du désespoir.

Enfin, le silence.
Désormais un mausolée se dresse sur cette terre.
Elle a bu le sang, les cadavres l'ensemencent,
Elle est repue, son sein regorge de matière.

## XIX

## LES TROIS QUI SONT UN

Baudelaire est maître du paradis, non dieu.
Il est le seigneur des vers, grand duc du sonnet,
Celui qui a tout ressenti et partagé,
Qui d'un trait, aux mœurs d'un siècle, a mi le feu.

Sous un autre visage, il a soumis le monde,
Bonaparte, l'empereur à la grande armée,
Dont les discours généreux ont incendié
Les royautés, embrasé la foule féconde.

Il est aussi l'oreille allemande, prodige
Sans égal, dont la folie éclate les notes.
Wagner, métal brûlant posé sur une tige,
Imprègne nos humeurs de sa marque despote.

# NAUFRAGE

## XX

## NATURE

Va ! Va donc toi et tes enfants !
Monde ingrat et violent.
Vas ; et retourne dans le néant.
Ta faune et ta flore m'exaspèrent, va t'en !

Ton ciel sent la mort, nous verse ses lames aiguisées.
Ta terre, sale, boueuse, nauséabonde,
Nous digère dans ses abîmes profonds.

Drogue repoussante, ton eau souillée draine
Nos chairs inlassablement, ôtent notre essence.
Tes pierres sont notre charnier, nous ta semence.
Magma rugissant ; froide, éternelle haine.

Les cris des oiseaux, les éclats de l'atmosphère,
Et les ténèbres conquérantes, m'étouffent.
Je te méprise l'Infâme et je te hais,
Rien ne m'apaise en ton sein, nature délétère !

# XXI

Je suis la haine, je suis la rage et le sang ;
Etre maudit, à jamais banni par le temps.
Qu'importe l'univers et ses frêles soleils,
Ses planètes risibles; mondes sans merveilles.

Vie, de moi indigne, corvée lamentable,
Je te repousse t'écrase et te renie.
Que le souffle originel me quitte; sosie
Sournois d'un mal qui me ronge et s'attable.

Les tourments multiples, et les pensées impies,
Les flammes infernales qui lèchent mon esprit ;
Chutes irréelles, perte des sens, tristesse,
Sont les piliers éternels de ma détresse.

# XXII

Sous le ciel noir, l'atmosphère éclate.
La roche se fend. Les eaux se gonflent.
Les arbres tombent dans un bruit mat.
La folie se déchaîne, se libère.

Elle est étendue sur la roche.
Etoile de notre inconscient,
Sirène qui tue jusqu'au plus proche,
Dont le chant illumine le vivant.

Perversion, peur, hallucination,
Haine, Rage, gloire et pouvoir.
Elle est le génie de l'ambition.
La folie vit par l'homme, son savoir.

Ses contours sont harmonieux.
Son visage est humain.
Mais cette maîtresse venue des cieux
Nous, crache, au visage son venin.


# XXIII


Sous la coupole transparente, l'air est pur.
Le mélange sain, brise légère, circule.
Une marée de plume converge vers l'azur ;
Les traits lumineux imbibent les particules.

La terre se tapie sous une couverture
De feuilles et de pétales humides et câlins.
Mes pas profanent le duvet en des blessures
Profondes ; je suis étranger à ce larcin.

Tout est calme, le temps semble s'être arrêté.
Ce monde pervers, vicieux, cherche à m'engloutir ;
Il est traître, veut m'apaiser pour me séduire.

Mais je suis l'être éternel, le supplicié,
Dont l'esprit est la camisole de son corps ;
Esclave de sa démence et porteur de mort.

## XXIV

Pensées décousues, démesure des sens,
Je ne sais plus très bien quelle plaie je panse,
Une folie croissante ou une peur naissante ?
Les repères sont flous, lignes fuyantes.
_ Valeurs perdues, et morales incongrues
M'ennuient et troublent ma vie, mon vécu_
Quel sens donner aux actes quand bien et mal
Sombrent dans l'oubli ? Pour seul idéal :
L'entropie, mêlée aux désirs ; offenses
A ceux que j'aime, symptômes de ma démence.


## XXV

### PERIPLE

La mélancolie, pénible,
Terrible, atroce,
S empare de mon âme.
Musique lente,  noire et funèbre
Répand ses sombres notes
Dans mon corps misérable.
Elle prend le chemin
De mon cerveau et de son venin
Endors les sens.

Mes pensées dansent,
Suivant cette macabre litanie
Dans un gouffre brûlant
Baigné d un brouillard oppressant ;
Puis confuses, irritées, elles laissent place à l oubli.

Alors que les notes sont tombées,
Que peu à peu mon centre s'apaise,
Se déroule sous mes yeux, une étendue de malaise.
La terre est rouge, volatile. Des rochers,
Des herbes séchées, huit arbres aux pieds desquels une rivière.

30

Elle est une pâte visqueuse, millénaire,
Elle semble avoir perdu sa consistance originelle.
Ce liquide presque sec m'appelle.
Elle est Source de vie de ces arbres aux regards malveillants,
Dieux aussi beaux que puissants.
Portant ce breuvage rouge à mes lèvres
La paix enfin m'envahit. Cette pause est brève.
Déjà la musique reprend, plus douce,
Plus belle, et me guide vers la vie dont la sang est la source.


# XXVI

## LA CONSTERNATION


Ténébreuse journée, tempête en nos âmes.
Toi, ras de marais qui submerge nos cœurs,
Toi, qui a réduis à néant le bonheur
De cet enfant ; ô infâme comme je te blâme.

Arpentant, rampant, grouillant dans cette jeune âme,
Pillant, brûlant, et, subtilisant sa joie de vivre,
Son bonheur, son amour ; la Mort avance, ivre
De plaisirs amers, atroces, féroces, profanes.

Répandant dans nos êtres, de vastes pensées,
Et sombres et sinistres, comme un brouillard épais,
Que ne perceraient plus les divins rayons de vie.

Pourquoi lui avoir son père arraché ?
Dieux ! Son travail n'était point achevé !
Et voyez maintenant ce qu'est sa vie.

## XXVII

## LE SEJOUR DES MORTS

Vient le jour où le puissant qui nous fait homme,
Reprend son dû ; Dieu maudit ; ôte donc cette vie.
Voyage, où le mort touche du bout des doigts le dogme ;
Puis plonge dans la faille ou le fluide rougit.

La sombre barque dorée par le soleil roule
Sur le manteau d'âmes errantes, soufflant leur peine.
Le guide, élégant sous sa cape noire, foule
De son bâton le fond jamais atteint ; sans peine.

Le passage est alors ouvert, le sol brûlant
Colle à la peau ; c'est bientôt l'heure du jugement.
Ni pleur, ni sueur, ni peur, il n'est qu'un enfer.

Le procès s'est terminé sans émotion,
Le chaos est maître dans cette dimension,
La vie bat son plein, dans cette nouvelle sphère.

## XXVIII

Vois-tu les traits sombres qui se dessinent ?
Suis leur marche gracieuse et perverse.
Ils s'élèvent, se plient, se renversent,
Mon sang bat à la mesure de cette danse maligne.
Les anneaux puissants se resserrent dans une spirale montante,
Chaque expiration m'éloigne plus encore de la plage angoissante ;
Les notes et les pas se figent, et puis tombent,
Le souffle m'abandonne, mon cœur sombre.

## XXIX

## NAUFRAGE

La flaque sombre, à l'allure d'océan,
Me happe, m'entoure de sa vomissure de ténèbres.

## XXX

## MEPRIS

Ton bonheur me soulève le cœur,
    Je me ris de toi ;
        Humain amputé de raison,
                        Je te méprise.

## XXXI

## LE POIGNARD

            Chair violée,
                Squelette hurlant…

## XXXII

## POETE I

Le poète tourmenté
    Se complet à nager
        Parmi les détritus de sa conscience.

## XXXIII

## POETE II

Tapi confortablement dans l'abîme
        Le poète s'agrippe à son désespoir.

## XXXIV

## POETE III

Subtilise la souffrance du poète,
        Tu verras un arbre sans racine.

# XXXV

## PROFANE

Les mots se déchaînent,
S'écoulent dans mes veines,
Imitant l'ondée abjecte et pourrissante.

Ca et la des tourbillons d'idées
Engloutissent ma raison,  bruine impotente.
Mon âme usée loue ton nom déchiré.

En moi...
...Ton regard froid

Scalpel exultant de l'incision imminente
Exhume les pensées démentes,
Dont l'exhalaison fige mes muscles, mes organes ;
Cristallise mon souffle profane.

# LE FRUIT

## XXXVI

## LAETITIA

Les fleurs sont fanées ; que la haine est insatiable !
Des joies éphémères assassinent le bonheur,
Et, les douleurs que tu m'as infligé, petite sœur,
Me font basculer dans ce puit formidable
Où la chute est implacable, longue ; mortelle.
Les maux incurables, dont le froid remède
Est tapis dans la tombe, me happent, me gèlent.
La culpabilité, la souffrance, m'obsèdent ;
Ton aimable visage brûle dans mes yeux morts.
Mes pensées s'égrainent alors que, figé, mon corps
Fusionne avec les souvenirs d'une vie,
Que toi seule, reine morbide, a su inspirer.

# XXXVII

## DOUCEURS

De fleur en fleur passe le papillon,
Gracieux, détaché, sa course est légère.
Ses ailes, riches vitraux, roulent sur l'horizon
En une tempête de couleurs suaves, printanières.

Lorsque le soleil martèle la flore,
Qu'il ravit l'eau des sols déjà secs,
Et que l'air se met à trembler sous l'effort,
L'enfant du matin tient la chaleur en échec.

Dans la douceur du coucher,
Il fait ses adieux à ses sœurs les plantes
Et leur accorde une dernière danse, orchestrée
Par les cigales et leur chant apaisant.

Elle est le papillon, joyaux de l'aube,
Princesse inconsciente et aimante,
Impératrice crépusculaire, brillante
Source de joie, de pourpre est sa robe.

# XXXVIII

## LA TRAHISON I

Les étoiles se mêlent, s'entrelacent, s'embrassent,
Roulant dans les airs, flirtant avec l'horizon,
Elles vont la  puis là-bas, comme ça, sans raison.
L'incommensurable nuit de la vie s'embrase.

Des bandes colorées, enveloppent le ciel,
Intenses lueurs vives, toutes d'harmonie.
Le sol enflammé, fleuve de lave et d'oubli,
Et crache et vomit ses entrailles de feux.


Tout en moi devient rouge, vert, jaune ou bleu.
Je ne suis qu'une braise, un fou qui s'ennuie.
Disparate, difforme, perdant, sans envie.

Je suis ce qui fut : le seul poison mortel,
Ce qui jamais ne sera, ivre de tendresse.
Tout en moi trépasse, le monde n'est plus rond.


La raison m'apaise, sur moi tombent des flocons.
Les lueurs s'estompent, doucement, tendrement.
Le froid m'enveloppe, me parcourt de part en part,
La mort m'attend, tout craque, et mon sang se glace.

Le ciel se fend, m'appelle, m'écorche et me perce,
Ma vie s'écoule, et toi aussi Julie, Nectar
Mortel qui fit de moi ton héros,
Héros défunt, esclave de tes idéaux.

# XXXIX

## LA TRAHISON II

La vie est si courte, et l'amour est si grand,
Le temps passe si vite et les malheurs lentement,
Que mon âme triste peu à peu, somnole, dort,
Meurt, chargée de mélancolie et de remords.

Mon être se noie dans la pénombre de l'amour.
Je n'aime que toi, ne pense qu'à toi, toujours.
Présente, tendre succube, tu m'ensorcelles.
De mon être tu as conquis chaque parcelle.

Déesse au regard, bleu plus profond que la nuit,
Poignard fait de glace qui pétrifie l'ennui.
Prêtresse sanguinaire, lugubre atmosphère,
Reine de l'ombre, une sacrificielle prière.

Aujourd'hui je te hais. Des supplices endurés,
Brûlures de l'enfer, mon « je »s'est effacé,
De l'amour infini, forteresse imprenable,
Ne subsistent que des pierres sur le sable.

# XL

## LA FIOLE D'ELIXIR

La lumière est un temple.
Déesse radieuse,
Je te contemple.

La terre est un support.
Fruitée, pulpeuse,
Je te dévore.

Les soleils sont des yeux.
Azur, calme, harmonie,
Chaleur ; je te veux.

La nuit est un refuge.
Caresses, rêveries ;
Ton amour, un déluge.

Princesse, je baigne dans ton essence,
Je respire ton air, m'abreuve de ta chair.
Pas d'être plus cher, un héritage d'enfance,
Tendre épouse, vois comme tu m'es chère !

La tempête en mon âme s'est apaisée.
Les blessures se pansent vite,
Désormais une seule certitude ; je te suivrai
Sans question, dans ton monde sans vitre.

# XLI

## L'ATLANTIDE I

Ton regard, océan qui couvre l'Atlantide,
Soleil dans un ciel pur, légèrement humide,
Répand sur mon âme blessée cette tendre
Rosée d'or bleuté qui se plait à surprendre.

Divin visage, silhouette enchanteresse,
Senteurs vanillées, délices de tendresse,
Ce corps est une sculpture, une idole à
Chérir ; jalouse, Nature, vole en éclats.

Muse exquise, taquine, à l'esprit agile,
Ton royaume est à l'inspiration un asile.
Désirs, sourires et plaisirs ; je te contemple.

Et portée devant le jury de l'éternel,
Ta beauté, plie des Dieux l'ego irrationnel,
Sensuelle essence, au plaisir un temple.


# XLII

## L'ATLANTIDE II

Ton regard, océan qui couvre l'Atlantide,
Soleil dans un ciel pur, légèrement humide,
Répand sur mon âme blessée cette tendre
Rosée d'or bleuté qui se plait à surprendre.

Divin visage, silhouette enchanteresse,
Senteurs vanillées, délices de tendresse,
Ce corps est une sculpture, une idole à
Chérir ; jalouse, Nature, vole en éclats.

Muse exquise, taquine, à l'esprit agile,
Ton royaume est à l'inspiration un asile.
Désirs, sourires et plaisirs ; je te contemple.

Vie, ma princesse, de cet amour qui épate,
Unie ton cœur au mien, et voie comme ils battent,
Nous sommes l'Eden ou la joie est un temple.


## XLIII

### EXISTER VS L'AUTRE


La princesse, partie, laisse mon royaume.
Putréfaction de l'âme, profonde blessure.
L'orage s'approche, plus d'abri ; une brûlure,
La foudre tombe, les certitudes se gomment.

C'est pour elle que je respire, que je bois ;
Je n'existe qu'à travers elle, seul lien
Avec la vie ; elle n'est plus ; abandon sournois.

Le « je » est incomplet et ne rime à rien,
Elle s'est emparée de ma vie, et l'a gérée
Pour représenter la sienne, puis l'a jetée.

# XLIV

## DECOUVERTE

Des âmes se lient,
Un cœur se fendille puis éclate ;
Un homme mûrit.

# XLV

## L'OUBLI

Efface la vie commune,
Déleste-toi du fardeau.
Si elle était ton bras, alors, coupe le.
Trouve un but, trouve le fantasme, effleure le,
Et, guérit.

# XLVI

## PASSION

Tendre passion que celle qui nous a uni.
Explosion de sens que celle qui nous uni.
La passion nous couve, et nous porte vers l'infini,
Nous sommes ses enfants, un couple qui se construit.

Mon cœur palpite, et répand dans mon corps l'amour
Et ses tendres notes. Quatre ans de perdus ?
Ce n'est rien. L'éternité est notre dû.
Relation repue d'espoir, leurre de toujours !

# NATION

**« LE VERITABLE PATRIOTISME N'EST PAS L'AMOUR DU SOL, C'EST L'AMOUR DU PASSE, C'EST LE RESPECT DES GENERATIONS QUI NOUS ONT PRECEDES. »**

FUSTEL DE COULANGES

.

## XLVII

## LE DESTRUCTEUR

L'homme, même seul,
Est un danger, plus que pour lui-même,
Pour ce qui l'entoure.

# XLVIII

## LES COLONIES

Je suis la souillure, une mycose entreprenante.

# XLIX

## HOMMAGE

L'obus suit sa trajectoire, puis frappe le sol.
Sa chair métallique se déchire et traverse
L'espace, frappant les tissus mous, qui s'envolent.
Les balles, et fusent, et brisent les os d'une caresse.

La moutarde danse dans l'air, et le pervertit.
Les baïonnettes, les couteaux, et les pelles plongent
Dans les entrailles chaudes, une mer qui rugit.
Même la terre profane l'homme, le ronge.

Et les mots heurtent les portes du néant pour
Ces guerriers qui laissent leur vie sur le champ,
Ces soldats que le monde oubliera dans un temps.

Ma voix passe l'horizon, un cri de toujours,
Un hommage aux armées, aux familles délaissées ;
Votre lente agonie touche la postérité.

# L

Il est des idéologies qui diminuent.
Ces pensées pécheresses, bouses de l'esprit,
Assiègent et démolissent la démocratie.
Partis des extrêmes, partis des ingénus.

Solutions bouillantes, propos outrageux,
Ces groupes saignent la glorieuse république,
Le retour, bientôt, de la mort en public ?
Des fours ? Des goulags et des poltrons vicieux ?

Socialiste, en ton sein coure la vermine,
Ou sont donc cachées ta morale, tes valeurs ?
Tu abrites les amis de Staline, -peur-
Et, sans honte, nourris ceux qui éliminent.

Droite, molle et rabougrie, que fais tu alors ?
Pas de fierté ni d'intimes convictions ?
Je suis las de tes défaites, pauvre légion ;
Marche, va au combat et fais sonner le cor.

Que tu sois la glaciale flamme tricolore,
Ou l'adepte de la bouillante Sibérie,
Sache que jamais tu ne connaîtras de répit,
Le glaive est dans nos mains et il pourfend ton corps.

# LI

## ELLE SAVAIT

Le bruissement des feuilles, la complainte du bois,
Le chant des eaux, berce l'aurore,
Alors que de timides lumières, d'émoi,
Baignent de larmes, et la rivière, et son bord.


Une petite fille joue aux pieds d'un arbre.
Son regard est fixe, triste, humide et doux.
Ses lèvres tremblent, les pleurs la secouent
Dans ses mains, un crâne, ancien, fendu par un sabre.


Elle en connaît l'histoire, le conte aux éléments.
Sa petite voix malheureuse
Parle de son frère, le soldat, qui croyant,
Martyr de sa haine, de sa folie, bien que pieuses,
Que l'amour de dieu résidait dans les armes.
Elle regarde le crâne, le jette et soupire :
« A-t-on besoin de croire, de subir le charme,
De ces dogmes qui ont tant besoin de martyrs ».

## LII

Le bipède fixe l'horizon de son regard.
Il voit le danger, désormais il peut prévoir.
La nature, peu à peu, est à son savoir
Soumise, cédant à la force du poignard.

Il vécut, s'implanta et le sol cultiva.
Le langage apparut, il apprit le mensonge
Puis l'écriture, pour le perpétrer ; félon,
Il hait tout ce qui vit, la rage dans son bras.

Vinrent alors les rois, les peuples souverains,
Les peuplades sanguinaires, l'orgueil et la mort.
Il servit l'ordre, et, s'organisa en corps
D'armée pour écraser le barbare tant craint.

Aujourd'hui encore, il reste désireux
D'assouvir sa soif de gloire et de puissance.
Le désert du progrès le condamne à l'errance.
Les cieux ont fait l'homme, lui, il défait les dieux.

# EPILOGUE

Tendre passion que celle qui nous a uni,
Explosion de sens que celle qui nous uni.
Elle nous aura couvé, porté vers l'infini.
Elle se sera imposée, nous aura soumis,
Défendant sans réserve notre relation.
Enfin le bout du chemin, et, main dans la main,
Nous avançons serein vers la bifurcation ;
A chacun ses souffrances et bonheurs, ton chemin
Est là, prend le !
     Ne te retourne pas !
       Je pars…

« Édition : books on demand, 12/14 rond-point des Champs  Elysées, 75008 Paris, France imprimé par Books on Demand GmbH, Norderstedt, Allemagne. »

ISBN : 9782810603022
**Dépôt légal : 2009-04-16**
**Contact : saranyoosaekor@gmail.com**